Réponse d'un Allemand

à

 M. Victor Hugo.

Deuxième édition.

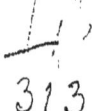

Darmstadt & Leipzig.

Eduard Zernin.

1871.

Imprimerie de G. Otto à Darmstadt.

An die deutschen Leser.

Möge die nachstehende Schrift im Vaterlande ein frohes Echo finden.

Ich verfaßte sie, — Jeder wird begreifen warum, — in französischer Sprache.

Aber lest sie dennoch!

Sie ist deutsch gedacht und soll, so Gott will, deutschen Herzen entsprechen.

Der Verfasser.

Monsieur !

L'appel sympathique que vous faites à la nation Allemande, est celui d'un grand poète: Il repose comme tel sur une utopie, hélas! irréalisable, par la loi-même de la nature, qui veut la crise dans la maladie, l'explosion dans les révolutions de la terre.

C'est un admirateur sincère de votre caractère et de vos oeuvres, qui vous parle. Veuillez donc, en lisant ces lignes, n'y voir que le désir de vous montrer sous son jour véritable une question, que votre patriotisme et l'ignorance probable de bien des détails significatifs, vous fait méconnaître et écouter, avec l'impartialité qui doit caractériser un homme tel que vous, les arguments qu'inspirent à nous autres Allemands quelques-uns des passages de la lettre, qu'un élan généreux vous a fait nous adresser.

Vous dites, que Paris n'est autre chose qu'une immense hospitalité, une ville auguste, confiée par l'Europe à la France.

Paris serait donc, selon vous, un endroit neutre, un asyle international, consacré à la paix, à la fraternité des peuples.

Pourquoi alors en faire le réduit suprême d'une défense illogique ?

Pourquoi, nous offrant Paris avec amour, ne rasez-vous pas ces forts, dont une tyrannie soupçonneuse l'a entouré jadis, bien plus pour le mâter que pour le défendre?

Pourquoi faire, de la ville innocente, une place de guerre, que seul l'honneur militaire des armées Allemandes les forcerait aujourd'hui de prendre, si même vous n'en eussiez fait la clé-de voûte de votre résistance, le noeud gordien de cette guerre, que vous affirmez être entreprise malgré vous et que vous avez néanmoins changée en une guerre de race, la dépouillant de son caractère international, pour l'amplifier de toutes les insultes de toutes les exagérations, de toutes les traîtrises, qui jusqu'à présent n'étaient que le cruel attribut des guerres civiles?

Pourquoi ne pas ouvrir toutes grandes vos portes, si vous ne voulez pas que nous les forcions?

Pourquoi ne pas nous dire: „Respectez-nous, au nom de l'amour fraternel que nous vous portons, au nom de la civilisation, dont nous revendiquons l'initiative?"

Pourquoi?

Parceque c'est vous, vous Parisiens, peuple vaniteux et optimiste dans son ignorance des autres, qui voulez la guerre!

Vous, qui la demandez, par l'insolence de vos déclamations patriotiques, par vos calomnies, par vos sarcasmes, par vos préparatifs de défense, par les provocations de vos journaux, par vos appels aux armes, par la destruction de vos parcs et de vos maisons de plaisance.

Vous jouez au Saragosse et voulez, que devant un cartel semblable, nous rebroussions chemin et retournions tranquillement chez nous, laissant vos champs arrosés de notre meilleur sang et quittes à attendre, l'arme au bras, qu'il plaise au prochain despote que vous vous serez donné, de nous envahir de plus-belle, dès que sa sureté personnelle le mettra en demeure de faire aboyer Chauvin et de vous tirer du sang.

En quoi d'ailleurs Paris a-t-il droit au respect quasi religieux que vous briguez pour lui?

En quoi mérite-t-il le titre d'auguste, dont vous le parez ?

L'immense hospitalité que vous lui attribuez, ne porte pas le cachet biblique, qui fait respecter la tente, à l'abri de laquelle en se repose.

Respecte-t-on le restaurant, le café-chantant où l'on vient s'attabler pour une heure ?

Paris est-il, proprement dit, autre chose que le café-chantant central du globe — l'endroit où l'on vient s'amuser — et se corrompre ?

Quelle est l'influence salutaire, morale, qu'emporte chez lui l'étranger qui s'y est attardé ?

Des bribes de chansons d'Offenbach et de Thérésa, — la facture des cheveux jaunes de ses maitresses d'une nuit et un immense besoin de se détendre, de se recueillir, de respirer un air salubre.

Gagne-t-il, au contact de cette jeunesse dorée, aussi inutile que les chevaux qu'elle fait courir, au rayonnement solennel de ces soit-disant hommes sérieux, bouffis d'importance, faisant la roue et confits dans le culte d'eux-mêmes ?

Ne se sent-il pas mal-à-l'aise, confondu comme il l'est, dans la foule d'aigre-fins de tous les pays, de faux-Comtes et de Princes pour rire, dont foisonnent vos trottoirs hospitaliers, — de toute cette crapule enfin, fringante, pailletée et sans aveu, qui fait de Paris le grand égout collecteur du monde ?

Où voyez-vous, dans le Paris réel, la supériorité morale, intellectuelle, qui motiverait le respect que vous demandez pour lui ?

Qu'à produit Paris depuis ce siècle d'assez puissant, pour lui donner droit à la suprématie que vous rêvez ?

Quelques artistes de renom, quelques spirituels romanciers et auteurs dramatiques, quelques historiens de haute fantaisie, quelques gracieux caricaturistes, trois à quatre archéologues distingués, plusieurs médecins remarquables et un seul grand poète, — Vous !

Paris érudit, est à l'érudition cosmopolite, ce qu'est le feuilleton à la littérature: C'est élégant, intéressant, facile à digérer: Cela effleure tout, — cela n'approfondit rien.

C'est de l'esprit, je l'accorde.

Mais c'est de l'esprit pour ainsi dire fataliste, se suffisant à lui-même et demandant à l'intuition, ce que d'autres demandent au travail.

Les grandes découvertes scientifiques, celles qui font marcher le progrès, la civilisation, appartiennent à l'Allemagne, — à l'Angleterre, — à l'Amérique ! — et vous trouverez, concentrée dans la moindre université allemande, plus de vrai savoir, plus de profondeur d'analyse, que sur toute la surface du monde savant parisien.

Paris est, même sous le rapport de la science, la capitale de la réclame à haute pression.

Mais cette réclame s'arrête généralement aux bagatelles de la porte.

O! grand poète! — honnête homme que vous êtes! — quittez pour un instant le point-de-vue idéal, dont vous contemplez ce Paris, que votre amour voudrait protéger!

Voyez-le de près, palpez le, — ce favori intelligent, aimable et mal réussi, sur la décrépitude morale duquel vous voulez bien vous aveugler!

Voyez-le, coureur de dots tarées, plat courtisan de l'or, pilier de tripot, âpre à la jouissance, brave par insouciance et généreux par boutades, brillant, séduisant à la lueur du gaz, mais au grand jour, ruoltzé de noms, d'allures, d'instincts, maquillé, crevé jusqu'à la moelle, fanfaron de vice et platement bourgeois dans ses orgies, sous l'invocation de St. Christofle!

Voyez le, lui dont vous vantez la loyauté, livrant à la bestialité de sa populace, des milliers d'hotes paisibles, qui, ayant acquis par leur labeur, droit de place à son foyer, se voient tout-à-coup et sans avis préalable, expulsés brutalement, accablés d'outrages, ruinés, — pourquoi ? — Pour appartenir à la nation, à qui celui, qu'hier encore Paris acclamait servilement, à déclaré la guerre.

Trouvez vous suffisant, pour contrebalancer ce résultat honteux d'un grand élan national, l'aménagement des Tuilleries pour nos blessés ? Et n'est-ce pas là, encore et toujours, de la réclame, la plus creuse qu'il y ait ?

Voyez-le, ce Paris que vous poétisez, s'abreuvant, s'exaltant aux gasconnades de ces journalistes, qui tournent l'insulte et la haine en calembours, le mensonge en jeux de mots, qui glorifient le massacre, conseillent l'empoisonnement, indiquent le pillage et déclarent h o r s l a l o i d e s n a t i o n s, ceux, qui pour défendre le sol de leur patrie, se sont vus obligés d'envahir le leur.

Ecoutez-le enfin, ce g o b e - b a l e i n e s. comme vous-même l'avez si justement qualifié, se grisant à ses propres vanteries et s'étourdissant aux mystifications officielles, dont ose le berner au jour le jour un gouvernement, que déjà il ne prend plus aux sérieux, — tout en l'ayant hier encore acclamé par sept millions de voix, — un gouvernement, dis-je, qu'il vilipendera demain, trainant dans la boue les idoles, que lui n'aura pas osé renverser.

Est-ce là, je vous le demande, l'expression de la dignité émue d'un grand peuple ?

Ne chercheriez-vous pas plutôt à Charenton, l'origine de cette cacophonie à jactance continue, de cet optimisme débordé et grossièrement agressif, qui n'effraie pas plus ceux à qui il s'adresse, que ne le fait le bouclier peint en monstre, derrière lequel s'abrite la valeur Chinoise, — mais qui creusera bien profond l'abîme moral, qu'aurait applani entre nations faites, comme vous l'indiquez si bien, pour se respecter, une paix honorable, résultat d'une guerre honnête.

Je sens que mon sujet m'emporte au delà des bornes que je m'étais fixées et je voudrais éviter de froisser, par des appréciations contradictoires, un grand coeur comme le votre: Je vais donc, eus égards aux nobles paroles que vous nous avez adressées, tâcher de vous exposer avec calme, les motifs qui nous guident.

Veuillez un instant vous mettre à notre place.

Qu'y voyez vous?

L'Allemagne tranquille, — quoique désunie encore et saignante des plaies non cicatrisées de 1866.

Paix profonde au dehors.

Rien qui fasse présager l'orage furieux qui va se déchainer.

Tout-à-coup surgit un prétexte futile, tiré par les cheveux, incroyable d'invraisemblance.

Une déclaration de guerre, impudente de cynisme, nous est lancée à brule pourpoint.

Nous nous attendons d'un instant à l'autre à l'agression foudroyante, qui, logiquement, devrait la suivre de près.

Il n'en est rien pourtant.

Le bandit qui nous demandait la bourse ou la vie, a omis de charger son pistolet et nous donne le temps de nous reconnaître, — de rassembler nos forces.

L'Allemagne alors se lève comme un seul homme, fière et indignée, calme dans son bon droit, spontanément unie à tout-jamais, de par la maladresse de Celui, qui, aveuglé du reflèt de son étoile filante, a osé lui jetter un gant déloyal.

La discorde est oubliée, la rancune meurt.

Depuis la Baltique jusqu'aux Alpes, un seul cri retentit: „Repousser l'agression, — protéger les frontières de l'Allemagne!"

C'est le prologue.

Le drame va suivre de près.

Les deux armées sont en présence: Une grêle de sarcasmes, de quolibets et de rodomontades, partie de tous les journaux parisiens, prélude à la grêle de fer et de plomb qui va suivre.

L'armée dite, du Rhin, est invincible, — c'est convenu.

Elle n'a, il est vrai, pas encore vu ce fleuve, si agréablement chanté par M. Alfred de Musset: Ce n'est que quelques semaines plus-tard qu'elle le franchira, — sous d'autres auspices qu'elle ne croyait.

En attendant on se donne joyeusement rendez-vous à Berlin pour le 15 Août: La paix sera signée à Königsberg et la piètre armée allemande, battue, bernée, éreintée d'avance par théorie, sera heureuse de repasser le Rhin, sous les coups de crosse que lui administrera M. de Girardin.

C'est au nom de la liberté, de la civilisation, que l'armée française doit envahir l'Allemagne.

Un beau programme!

Il s'agit de dignement l'inaugurer.

Bientôt les mille voix de la presse française, acclament la victoire de Sarrebrück, ville ouverte et sans défense, que l'on brûle de gaieté de coeur, pour amuser le Prince Impérial et dont un corps-d'armée français déloge victorieusement mille trois cents Prussiens.

Pâture pour les gobe-baleines!

Mais le programme ne s'arrête point là.

En tête de l'armée et à l'ombre de ses aigles, marchent les noirs bataillons des tirailleurs algériens.

Ils sont l'avant-garde de la civilisation promise.

Plus-tard, on trouvera dans leurs poches des oreilles coupées, des doigts, portant encore leurs bagues.

Ils achèveront les blessés et feindront de l'être eux-mêmes, pour poignarder à leur aise les infirmiers à croix rouge de la convention de Genève, qui se pencheront sur eux pour leur donner à boire.

Et notez, que ce ne sont point des brigands, des scélérats hors la loi dont je vous parle: — Ce sont des soldats, portant l'uniforme, reconnus, armés, entretenus comme tels, ayant droit à la croix d'honneur et marchant au pas, à l'ombre de ce drapeau vénérable, qui s'est promené sur tous les champs de bataille de l'Europe et qui, s'il pouvait pleurer, pleurerait de l'avilissement auquel aujourd'hui on le condamne!

La chance a voulu, que ces braves Turcos ne vinssent point en Allemagne.

S'ils y étaient venus pourtant?

Nous aurions revu alors, comme en Italie en 1859, des villages saccagés et brulés, des femmes violées et massacrées ensuite et les mutilations les plus atroces de l'Orient, pratiquées sur les hommes et les enfants, par ces indignes champions de l'honneur militaire jadis si intacte, d'une nation, qui se dit la plus civilisée du monde.

Que diriez-vous en France, — je vous le demande? — Que diriez-vous, si, une guerre ayant éclaté entre vous et l'Amérique, cette dernière vous envoyait, à titre de troupes de descente, une nuée de peaux-rouges, qui scalperaient les morts et attacheraient les vivants au poteau de la guerre?

Vous crieriez à l'infamie, à la violation de toutes les traditions honnêtes, admises entre nations belligérantes — et vous auriez raison!

Ah! ne nous appelez pas **Vandales**, décapitant la civilisation, si provoqués, poussées à bout, nous poursuivons à outrance une victoire, — résultat logique de la plus brutale des surprises! N'intervertissez pas les rôles!

Nous nous bornons à faire, ce qu'ont fait avant nous Othon le Grand et Charles Martel, en sauvant leurs foyers des Huns et des Maures, — les **Turcos** d'alors.

Et, si nous refusons de nous arrêter à mi-chemin, c'est que nous voulons, une fois pour toute et pour longtemps, ôter au peuple turbulent, fantasque, illogique et agressif par excellence, à ce peuple qui est une menace chronique pour la paix et le développement de notre pays, le pouvoir de nous nuire!

C'est que nous voulons, au prix de notre sang, acheter à l'Europe et à nous, un repos durable, que le caprice d'un despote, une lubie de Chauvin, ne pourra plus troubler!

C'est que nous voulons reculer la frontière, afin de rendre muette pour toujours cette velléité insolente, qui convoite le Rhin!

C'est que l'Allemagne se rappelle les années de honte et de douleur du premier Empire, les fusillades de Napoléon Ier, les orgies infâmes de Jérome, la jactance impudente, les pillages de fonctionnaires de tout grade, qui faisaient la curée de notre malheureuse patrie!

C'est que nous nous glorifions du grand élan de 1813, qui a enfin brisé ce joug abhorré, — de cet élan sublime, que nous rappellent depuis cinquante-sept années, les feux du 18 Octobre, flambant joyeusement par milliers, au sommet de nos montagnes et dont les langues ardentes portent vers le ciel l'expression la plus intime de coeurs, notre prière du soir et du matin!

C'est enfin, parceque nous vous connaissons assez, pour désirer ne plus vous revir et renoncer d'avance et à tout-jamais aux bienfaits de la civilisation, que vous voudriez encore venir nous octroyer et que vous faites payer trop cher!

Il faut enfin que cela finisse!

Il faut enfin que s'explique ce droit que s'arroge la France, de prendre partout et toujours les provinces étrangères qu'elle convoite, quitte à crier au sacrilège, au vandalisme, quand les chances de la guerre menacent de lui rendre la pareille.

Pourquoi votre pays serait-il, aux yeux de l'Europe, pluis sacré que le nôtre?

Nous sommes pour elle une garantie de sécurité, — vous êtes la menace. Dieu aidant, vous aurez bientôt cessé de l'être!

Je ne vous parlerai pas des journées de Wissembourg, — Wörth, — Forbach, — Metz, — Sedan.

Elles appartiennent à l'histoire.

Nous autres Allemands avons trop le respect du malheur, pur jetter à la face de la France humiliée, les désastres d'une vaillante armée, ayant durement expié l'optimisme vantard, qui a, — en contraste avec notre réserve courtoise, — signalé son entrée en campagne.

C'est une affaire de tempérament.

Je voudrais seulement en réplique à l'esprit fraternel, à l'amour, à la loyauté, à la justice d'appréciation que vous attribuez à la nation française, vous répondre, que, à partir de notre première victoire, cette nation qui, aveuglée par l'imprévu des circonstances, traite aujourd'hui nos armées de hordes, — d'assassins, — de soudards, — a foulé aux pieds avec cynisme toutes les règles de la guerre honnête, toutes les lois de l'humanité, — ces lois qui seules établissent la différence entre les peuples chrétiens et policés et les nègres de l'Afrique centrale.

Vos journalistes ont prêché l'empoisonnement des puits; vos paysans ont achevé les blessés à coups de fourche et de fléau et leurs femmes et leurs enfants leur ont crevé les yeux; vos soldats ont fait les morts, quittes à se relever, pour assassiner par derrière, ceux qui avaient passé; ils tirent sur le drapeau parlementaire et vos bandes franches assaillissent à coups de fusil les convois des blessés qui marchent sous la sauvegarde de la croix rouge, détroussant jusqu'à la chemise, les malheureux que leurs balles n'ont pas atteintes; enfin, l'explosion de la citadelle de Laon, ce parjure infâme, auquel vos journaux osent décréter l'apothéose, vient dignement couronner l'édifice de félonie, de meurtre et de mauvaise foi, dont se glorifie le dévergoudage de votre patriotisme.

Gâtée par une longue série de succès militaires, la France, surprise par les revers, a perdu la tête et jusqu'à la notion exacte du bien et du mal.

Elle se refuse de reconnaître dans ce qui lui arrive, le jugement de Dieu: Et notre modération dans cette victoire, dont vous, Monsieur, nous contestez la gloire, ne fait qu'envenimer sa haine, de tout le fiel qu'épanche son amour-propre froissé.

Elle s'aveugle encore! — elle s'aveuglera jusqu'au bout, sur la réalité des évènements!

Elle croit pouvoir défendre Paris, sans armée du dehors!

L'armée régulière n'étant plus, c'est sur des palliatifs qu'elle se rabat, sur les franc-tireurs induits de pétrole, sur les pompiers, sur des volontaires musulmans, sur l'ours Martin et sur l'hyppopotame du Jardin des plantes, que l'un de vos journalistes les plus spirituels, proposait, sérieusement naguère, d'adjoindre à la garde-mobile.

C'est un bouleversement inconcevable de logique et de morale, — une débauche d'absurdités, un mépris de tout ce que l'on est convenu d'appeler le sens-commun! — les poisons destructeurs de la chimie faisant prime sur la poudre loyale des combats, les bêtes féroces appelées à la rescousse, — la chemise rouge de Garibaldi miroitant au loin, —

— — — — — — — — — — — — — — —

il ne manque plus que les hommes sauvages du boeuf-gras, avec leurs massues, pour rendre la mascarade complète!

C'est à avoir honte d'en être!

Je m'adresse à vous, Monsieur Hugo!

A vous, le seul qui nous ayez fait entendre des paroles de paix et de conciliation.

Influencez ceux, dont votre plume célèbre prend si chaleureusement le parti!

N'abondez pas dans le sens de leur déraison!

Faites-les rentrer dans la réalité!

Empêchez les de l'aggraver encore par des provocations puériles, qui finiront, malgré la patience proverbiale de la nation Allemande, par amener enfin de dures représailles! Dites leur, que nous combattons loyalement, — en soldats:

Dites leur, de nous donner la possibilité, — **de nous permettre de les ménager**, de respecter leurs familles, leurs foyers, leurs monuments publics, leur honneur national!

Dites leur, d'avoir la franchise, la pudeur de leur situation!

Que ceux qui ne sont pas soldats, déposent les armes! qu'ils ouvrent avec confiance les portes!

Car, s'ils ne les ouvrent pas, — c'est par la brèche que nous entrerons!

Un pour tous.

Postscriptum.

Ces feuilles étaient sous presse, quand a paru l'appel aux Français de M. V. Hugo, du 17 Septembre.

Je me borne à déconseiller de le lire, à toute personne, dont les nerfs ne seraient pas à l'épreuve des fortes détonations.

www.ingramcontent.com/pod-product-compliance
Lightning Source LLC
Chambersburg PA
CBHW070438080426
42450CB00031B/2711